# GRUPOS DESFILANDO
# PARADES OF ARRAYS

Mel Campbell
traducido por David Mallick

Rourke

**Publishing LLC**
Vero Beach, Florida 32964

www.rourkepublishing.com

PHOTO CREDITS: © Alex Preiss: title page; © Jeffrey Smit: page 4; © Georgios Alexandris: page 5; © Matthew Hull: page 9; © Lisa McDonald: page 21; © Kenneth O'Quinn: page 22

Editor: Robert Stengard-Olliges

Cover design by Nicola Stratford.

### Library of Congress Cataloging-in-Publication Data

Campbell, Mel.
  (Grupos Desfilando (Parades of arrays) / Mel Campbell.
    p. cm.
  Includes index.
  ISBN 1-60044-286-2
  1.  Counting--Juvenile literature. 2.  Arithmetic--Juvenile literature. 3.
Orthogonal arrays--Juvenile literature. 4.  Parades--Juvenile literature.
I. Title.


Printed in the USA

CG/CG

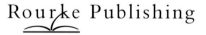

Rourke Publishing

www.rourkepublishing.com – sales@rourkepublishing.com
Post Office Box 3328, Vero Beach, FL 32964

# CONTENIDO
# TABLE OF CONTENTS

| | |
|---|---|
| Día de desfiles / Parade Day | 4 |
| Columnas y filas / Columns and Rows | 6 |
| Bicicletas y payasos / Bicycles and Clowns | 14 |
| Caballos también / Horses Too | 18 |
| Glosario / Glossary | 23 |
| Índice / Index | 24 |

# Día De Desfiles
# Parade Day

Papá y Tomás despertaron temprano. Era el día del gran **desfile**.

Dad and Tom were up early. It was the day of the big **parade.**

¡Papá lo llamo el día de los Desfiles de **Matrices**! Tomás le preguntó: —Papá, ¿qué es una matriz?

Papá respondió: —Una matriz tiene **columnas** y **filas**. Observa cómo los soldados marchan en columnas y filas.

Dad called it the day of the Parades of **Arrays**! Tom asked, "What is an array, Dad?"

Dad answered, "An array is made up of **columns** and **rows**. Look at these soldiers marching in columns and rows."

# COLUMNAS Y FILAS
# COLUMNS AND ROWS

Tomás no sabía que el desfile estaría lleno de matrices. Tomás pensó en columnas y filas y matrices. Pensó que sería un desfile extraño.

Tom didn't know that the parade that he and his Dad were going to would be filled with arrays. Tom thought about columns and rows and arrays. He thought that this would be a strange parade.

Después de que Papá estacionó el carro, buscaron un lugar en una colina para sentarse y mirar el desfile.

Podrían ver todo el desfile mientras pasaba por la calle. Tomás seguía pensando en columnas y filas.

After Dad parked the car, they found a place on a hillside to sit and watch the parade.

They would be able to see the entire parade coming down the street. Tom was still thinking about columns and rows.

—¡Ya viene la banda marchando! —gritó Tomás.
—¿Ves algunas columnas y filas? —preguntó Papá.

"Here comes the marching band!" shouted Tom.
"Do you see any columns and rows?" asked Dad.

Tomás no estaba seguro. Papá sacó un papel y un lápiz, e hizo un **bosquejo** de 3 columnas y 4 filas de estrellas.

Tom was not sure. Dad took out a paper and pencil and made a **sketch** of 3 columns and 4 rows of stars.

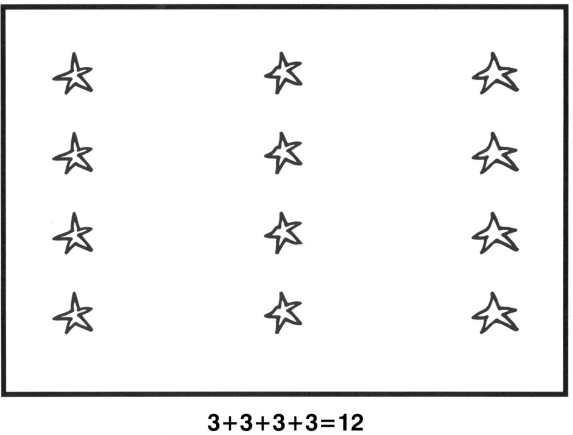

**3+3+3+3=12**

**4+4+4=12**

**3 x 4=12**

**4 x 3=12**

En el cielo, unos viejos aviones militares sobrevolaron el desfile.

—¡Papá, mira aquellos aviones viejos! Forman columnas y filas también.

Había 2 columnas de 3 filas de aviones. Tomás contó seis aviones viejos.

In the sky, old military planes flew over the parade.

"Dad, look at those old planes! They are in columns and rows, too."

There were 2 columns of 3 rows of planes. Tom counted six of those old planes.

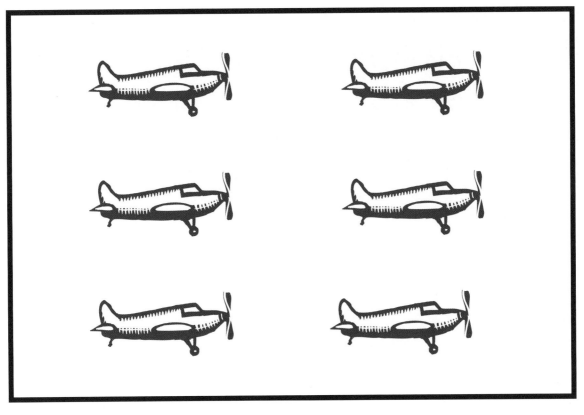

**2+2+2=6**

**3+3=6**

**2 x 3=6**

**3 x 2=6**

# BICICLETAS Y PAYASOS
# BICYCLES AND CLOWNS

A continuación en el desfile iba un grupo montado en bicicletas en columnas y filas. Tomás contó doce. Vio que había 3 columnas y 4 filas.

Next in the parade was a group riding bicycles in columns and rows. Tom counted twelve of them. He saw there were 3 columns and 4 rows.

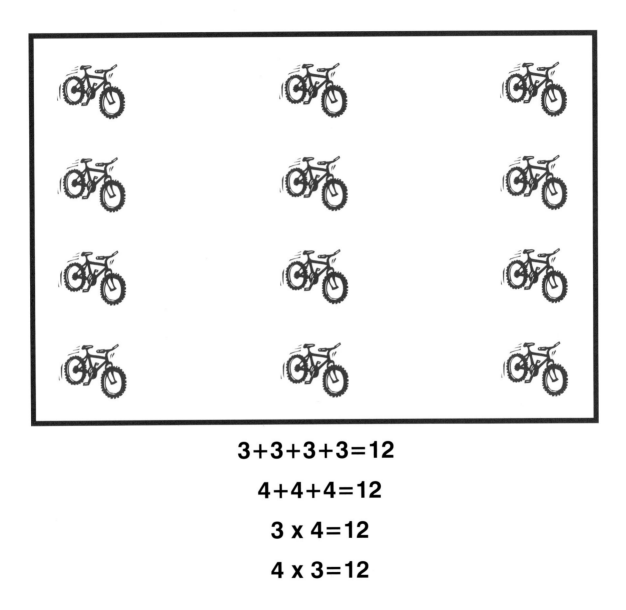

**3+3+3+3=12**

**4+4+4=12**

**3 x 4=12**

**4 x 3=12**

Tomás apenas había terminado de contar los ciclistas cuando aparecieron los payasos. Papá dijo: —¡Hay 25 payasos! Jamás en mi vida he visto tantos payasos juntos.

Tomás preguntó: —Papá, ¿es ésa una matriz de payasos?

—Sí, Tomás, es una matriz de payasos.

Tom had just finished counting the bicycle riders when the clowns appeared.

"There are 25 clowns! I have never seen so many clowns in one place."

"Dad, is that an array of clowns?"

"Yes, Tom, that is an array of clowns."

$$5+5+5+5+5=25$$

$$5 \times 5 = 25$$

# CABALLOS TAMBIÉN
# HORSES TOO

Ahora Tomás sabía qué era una matriz, y por qué Papá llamó al desfile el Desfile de Matrices. Después de los payasos vino una matriz de caballos. Tomás vio 7 columnas y 3 filas de caballos. Contó 21 caballos en total.

By now Tom knew what an array was and why Dad called it a Parade of Arrays. After the clowns there was an array of horses. Tom could see there were 7 columns and 3 rows of horses. He counted 21 horses.

3+3+3+3+3+3+3=21

7+7+7=21

7 x 3=21

3 x 7=21

Eso fue el final del desfile, y Tomás sonreía muy contento. ¡Ahora sabía mucho sobre las matrices!

Tomás pudo ver matrices en varios lugares, hasta en su casa. Había columnas y filas en las losas del piso de su cocina.

Well, that was the end of the parade, and Tom was all smiles. Now he knew a lot about arrays!

Tom could see arrays in lots of things, even things in his home. There was the tile floor in his kitchen in columns and rows.

Las estrellas en la bandera estaban en columnas y filas. Tomás se dijo en voz baja, "¡Hurra por las matrices!"

The stars on the flag were in columns and rows. Tom said quietly to himself, "Hurray for arrays!"

# Glosario / Glossary

**bosquejo** — dibujo rápido
**sketch** (SKECH) — a quick drawing

**columnas** — grupos verticales
**columns** (KOL uhmz) — vertical groups

**desfile** — procesión organizada de personas en una calle
**parade** (puh RADE) — organized procession of people in a street

**fila** — grupo horizontal
**row** (ROH) — horizontal group

**matriz** — una manera de ordenar cosas en columnas y filas para contarlas más fácilmente
**array** (uh RAY) — ordering sets in rows and columns to make it easier to count

# Índice

bicicleta   14
caballo   18
carro   7
desfile   4, 5, 6, 7, 12, 14, 18, 20

# Index

bicycle   14, 16
car   7
horse   18
parade   4, 5, 6, 7, 12, 14, 18, 20

## Lecturas adicionales / Further Reading

Amato, William. *Math on the Playground.* Children's Press, 2002.
Beers, Bonnie. *Everyone Uses Math.* Yellow Umbrella Books, 2002.
Tang, Greg. *The Grapes of Math.* Scholastic, 2004.

## Sitios web para visitar / Websites To Visit

http://www.figurethis.org
http://www.mathcats.com
http://ksnn.larc.nasa.gov/k2/k2_math.html

## Sobre el autor / About The Author

Además de su trabajo como profesor universitario, también se puede encontrar a Melvin Campbell en salones de primaria, compartiendo su amor por las palabras de manera creativa y dramática. Al Dr. Campbell le gusta coleccionar mapas y observar pájaros con su esposa.

In addition to his work as a university education professor, Melvin Campbell can often be found in elementary classrooms sharing his love for words in creative and dramatic ways. Dr. Campbell enjoys collecting maps and along with his wife is an avid bird watcher.